Coca-Cola
30 recettes gourmandes
sucrées et salées

ISBN : 978-2-263-05219-4
Code éditeur : S05219
Dépot légal : septembre 2010

Coca-Cola®

30 recettes gourmandes

sucrées et salées

Stéphanie Bulteau

SOLAR
EDITIONS

Réaliser des recettes avec du Coca-Cola®, ingrédient insolite en cuisine, fut un délicieux challenge pour l'incorrigible gourmande que je suis. L'esprit en effervescence et ma curiosité piquée au vif, une pétillante aventure commençait...

Au fil de la création des recettes, j'allai de surprise en surprise, les papilles en ébullition devant les tours de magie dont était capable le Coca-Cola® et le potentiel de cette boisson qui se révélait être un merveilleux complice culinaire.

Pour la passionnée de cuisine sucrée-salée que je suis, le Coca-Cola® allait devenir mon nouveau meilleur ami. À l'apéritif, en entrée ou en plat, il caramélise les viandes, confit les légumes, se laisse mijoter, mariner et réveille les mets les plus cosmopolites de sa subtile saveur sucrée, incomparable et inimitable. En dessert, il n'a pas son pareil pour alléger gâteaux et pâtes, taquiner fruits et chocolat et créer de pures gourmandises.

Avec la cuisine au Coca-Cola® et ce brin de fantaisie qui fait toute la différence, le plaisir est double : celui de la cuisinière qui expérimente et celui du palais auquel on offre de nouvelles sensations. Vous ne regarderez plus jamais une bouteille de Coca-Cola® de la même façon !

Stéphanie Bulteau,
auteur culinaire

Sommaire

L'histoire 6

Le mythe du Père Noël 8

La composition 10

Le conditionnement 12

Recettes salées 14

Recettes sucrées 68

Index 94

L'histoire Coca-Cola

L'histoire Coca-Cola® commence en Géorgie, en 1886.
Le pharmacien et médecin John Smith Pemberton commercialise une boisson révolutionnaire, à base d'extraits végétaux dilués avec de l'eau gazeuse, à la « fontaine à soda » de sa pharmacie.

C'est le comptable, Franck M. Robinson, qui la baptise « Coca-Cola® ».
L'idée de génie, associée à une calligraphie cursive unique, fera vite le tour du monde.

En 1888, l'homme d'affaire Asa G. Candler rachète tous les droits de la « formule secrète » et fonde « The Coca-Cola® Company » en 1892.

Inchangée depuis l'origine, la formule est toujours secrète. Il n'en existe qu'une copie actuellement dans une chambre forte en Géorgie. Seules cinq personnes au monde la connaissent.

En 1919, la marque fait son entrée en France sous la dénomination Coca-Cola® France ; en 1933, on déguste, pour la première fois, la fameuse boisson à la terrasse du Café de l'Europe, près de la gare Saint-Lazare, à Paris.

Coca-Cola® et le mythe du Père Noël

Très tôt, dans de nombreuses lectures de l'histoire du Père Noël, celui-ci est représenté avec un costume rouge, notamment dans les illustrations du célèbre caricaturiste Thomas Nast et sur les cartes postales imprimées par Louis Prang.

Coca-Cola® a contribué à créer l'image moderne du Père Noël, celle d'un homme débonnaire et rondelet qui arbore fièrement une longue barbe blanche.

C'est en décembre 1931 que Coca-Cola® a introduit cette nouvelle image joviale à figure humaine du Père Noël, créée par l'illustrateur Haddon Sundblom.

En fin de compte, les publicités de Coca-Cola® ont largement influencé la façon dont la plupart d'entre nous le perçoivent aujourd'hui.

Avant ces publicités, le Père Noël était représenté de nombreuses manières différentes, parfois même sous les traits d'un lutin effrayant, mais il était déjà vêtu de rouge !

La composition du Coca-Cola

Depuis 1886, la recette authentique, mélange unique d'extraits végétaux, de caféine, d'eau pétillante avec une touche de caramel, donne ce goût original et rafraîchissant à Coca-Cola®.

• Extraits végétaux •

Il s'agit d'arômes naturels issus d'une combinaison complexe de plantes qui sont utilisées comme source naturelle pour conférer à Coca-Cola® son goût inimitable.

• Sucre •

C'est le sucre qui donne à Coca-Cola® son goût onctueux ; il est indispensable à la qualité gustative. Le sucre utilisé dans Coca-Cola® est du sucre de betterave ou de canne (saccharose).

• Eau gazéifiée •

Coca-Cola® est composé à plus de 85 % d'eau de grande qualité. Du gaz carbonique est dissous dans l'eau au moyen d'un procédé appelé « gazéification ».

• Acide phosphorique •

Il est utilisé comme acidifiant. Il contient du phosphore minéral présent dans des minerais de roches.

• Caféine •

La caféine est naturellement présente dans les feuilles et les graines de nombreuses plantes. Pour des raisons de production, Coca-Cola® utilise de la caféine synthétique, c'est-à-dire une reproduction à l'identique de la molécule de caféine.

• Caramel (E150d) •

Le caramel est l'un des colorants les plus anciens utilisé dans le monde pour l'alimentation et les boissons. On l'obtient en faisant chauffer du sucre.

Petite histoire du conditionnement...

À Atlanta, en 1886, Coca-Cola® est distribué à la fontaine à soda de la pharmacie Jacob's.

Ce n'est qu'en 1899 que la boisson est proposée en bouteilles de verre.

Les ventes décollent, les designs des bouteilles se multiplient pour atteindre la perfection, en 1915, avec la « dame au fourreau noir », la fameuse bouteille « contour » dessinée par Alexandre Samuelson.

En 1935, le premier distributeur automatique révolutionne le marché.

En 1959, les boîtes métal font leur apparition. En 1964, elles s'équipent d'une languette d'ouverture pratique.

Désormais, les conditionnements sont en PET (Polyéthylène Téréphtalate), métal et verre, et les emballages recyclables à 100 %.

Keftas de légumes, dip de yaourt

PRÉPARATION : 30 min
CUISSON : 50 min
RÉFRIGÉRATION : 1 h

Pour 30 keftas

- 400 g de pois chiches égouttés
- 120 g de carottes
- 120 g de courgettes
- 1 oignon
- 2 gousses d'ail
- 2 c. à s. de fines herbes ciselées
- 300 g de yaourt grec
- 30 cl de Coca-Cola®
- 1 c. à c. de ras el hanout
- 2 œufs
- 200 g de chapelure
- 2 c. à s. d'huile d'olive
- Huile de friture
- Sel et poivre

1. Mélangez le yaourt, l'ail haché et les fines herbes. Salez, poivrez et réservez au frais.

2. Râpez les carottes et les courgettes. Faites dorer l'oignon émincé dans l'huile d'olive. Ajoutez ensuite les légumes râpés et le ras el hanout. Salez, poivrez et faites revenir 5 min. Incorporez le Coca-Cola® et laissez mijoter jusqu'à sa totale absorption. Laissez ensuite caraméliser 2 à 3 min.

3. Mixez les pois chiches. Dans un bol, mélangez-les aux légumes caramélisés. Malaxez bien, puis façonnez des boulettes. Passez-les dans les œufs battus, puis panez-les dans la chapelure. Réservez 1 h au frais.

4. Chauffez une casserole à moitié remplie d'huile de friture et faites-y frire les keftas par petites quantités en les remuant souvent, jusqu'à ce qu'elles soient bien dorées. Égouttez-les sur du papier absorbant et servez-les chaudes à l'apéritif avec la sauce au yaourt.

Keftas de légumes, dip de yaourt

Betteraves
100% Détox

PRÉPARATION : 15 min
PAS DE CUISSON

Pour 4 personnes

- 400 g de betteraves crues
- 2 oranges
- 1 c. à s. de jus de citron
- 40 g d'oignons
- 4 c. à s. de persil plat ciselé
- 20 cl de Coca-Cola light®
  ou Coca-Cola® zero
- 2 c. à s. de sauce soja
- 2 c. à s. de vinaigre balsamique
- Poivre 5 baies

1. Épluchez les betteraves et râpez-les sur une grille à gros trous.

2. Mélangez les betteraves râpées avec les oignons hachés au couteau et le persil. Assaisonnez avec le jus des oranges, le soja, le vinaigre et le jus de citron. Poivrez et laissez macérer 15 min au frais.

3. Répartissez la betterave dans 4 verres, ajoutez 1 c. à s. de marinade dans chacun, puis répartissez-y le Coca-Cola®. Servez aussitôt ce cocktail effervescent ultra-vitaminé en entrée ou en plat avec des brochettes, un poisson en papillote ou un poulet grillé.

Mix de poireaux confits

PRÉPARATION : 20 min
CUISSON : 1 h
RÉFRIGÉRATION : 2 h

Pour 8 petites verrines

- 50 g de hareng fumé
- 500 g de blancs de poireaux
- 10 g d'oignons rouges
- 1 c. à c. de fines herbes ciselées
- 4 c. à s. de jus de citron
- 300 g de faisselle de fromage blanc
- 70 cl de Coca-Cola®
- 3 c. à s. d'huile d'olive
- Sel et poivre du moulin

1. Égouttez la faisselle dans un linge au-dessus d'une passoire. Faites mariner le hareng coupé en petits dés avec les oignons hachés au couteau, les herbes, 1 c. à s. d'huile et du poivre.

2. Faites revenir les poireaux émincés dans 2 c. à s. d'huile. Salez et poivrez. Lorsqu'ils sont fondants, ajoutez 30 cl de Coca-Cola® et laissez mijoter à feu doux jusqu'à son absorption. Versez encore 30 cl de Coca-Cola®, laissez mijoter jusqu'à sa totale absorption, puis faites caraméliser 5 min.

3. Mixez finement les poireaux, puis incorporez peu à peu les 10 cl de Coca-Cola® restants, jusqu'à obtenir une compotée lisse et onctueuse.

4. Fouettez la faisselle avec le jus de citron. Répartissez les poireaux totalement refroidis dans des verrines, recouvrez de faisselle et déposez le tartare de hareng au centre. Réservez 2 h au réfrigérateur. Servez très frais à l'apéritif, avec des toasts de pain de campagne.

Mix de poireaux confits

Chaussons au confit d'aubergines

PRÉPARATION : 30 min
CUISSON : 1 h

Pour 25 chaussons

- 2 pâtes brisées
- 350 g d'aubergines
- 1 gousse d'ail
- 2 c. à s. de persil plat haché
- 3 c. à c. de menthe hachée
- ½ c. à c. de graines d'anis
- 25 cl de Coca-Cola®
- 2 c. à s. d'huile d'olive
- Sel et poivre du moulin

1. Faites revenir les aubergines coupées en petits dés dans l'huile. Salez et poivrez. Quand elles sont vraiment très fondantes et légèrement dorées, ajoutez l'ail haché, le Coca-Cola® et laissez confire à feu doux jusqu'à ce que les aubergines aient totalement absorbé le liquide.

2. Laissez ensuite caraméliser 10 bonnes minutes en remuant régulièrement, jusqu'à l'obtention d'une compotée épaisse. Versez-la dans un bol et incorporez les herbes et l'anis.

3. Avec un emporte-pièce de 7 cm de diamètre, découpez 25 cercles dans les pâtes brisées. Posez une petite cuillerée de farce sur les cercles, humidifiez les bords et repliez-les pour former un demi-cercle en pinçant les bords. Appuyez sur les bordures avec une fourchette pour bien les sceller.

4. Préchauffez le four à 200 °C (th. 6/7). Posez les chaussons sur la plaque du four garnie de papier sulfurisé et enfournez 25 min. Servez-les chauds à l'apéritif.

Crème de maïs au Coca-Cola

PRÉPARATION : 20 min
CUISSON : 45 min

Pour 4 personnes

- 4 tranches de bacon
- 280 g de maïs égoutté
- 180 g de pommes de terre bintje
- 2 gousses d'ail
- 1 œuf
- 20 g de beurre
- 4 c. à s. de crème fraîche épaisse
- 25 cl de Coca-Cola®
- 15 g de farine
- 2 c. à s. d'huile d'olive
- Sel et poivre du moulin

1. Pelez les pommes de terre, coupez-les en dés, mettez-les dans une casserole avec l'ail émincé et du sel. Couvrez d'eau froide et faites-les cuire.

2. Faites revenir le maïs dans le beurre pendant 10 min. Versez le Coca-Cola®, salez, poivrez et laissez mijoter 10 min. Mixez le tout avec les pommes de terre égouttées et 2 c. à s. de crème. Filtrez au chinois pour obtenir une crème de maïs lisse. Réservez.

3. Mélangez la pulpe de maïs restant dans le chinois avec l'œuf et la farine. Chauffez l'huile dans une poêle et déposez-y des cuillerées à soupe de pâte. Laissez dorer, retournez les pancakes et finissez la cuisson. Enlevez-les de la poêle et réservez-les au chaud. À la place, faites griller le bacon taillé en fines lamelles.

4. Réchauffez la crème de maïs, répartissez-la dans 4 petits verres, bols ou tasses, coiffez d'un nuage de crème fraîche et de bacon. Servez avec les pancakes.

Chicken wings caramélisées au citron

PRÉPARATION : 25 min
MARINADE : 6 h
CUISSON : 1h10

Pour 4 personnes

- 12 ailes de poulet
- 600 g d'oignons
- 3 gousses d'ail
- 3 citrons
- 45 cl de Coca-Cola®
- 3 c. à c. de sauce soja
- 4 c. à s. d'huile d'olive
- Sel et poivre du moulin

1. Taillez les ailes de poulet en deux au niveau des articulations. Mélangez le Coca-Cola®, le soja, l'ail haché, les zestes des citrons finement râpés, le jus des citrons et du poivre, puis faites-y mariner les ailes de poulet au moins 6 h.

2. Chauffez l'huile dans une poêle et faites-y longuement revenir les oignons émincés sur feu moyen. Salez et poivrez. Laissez bien fondre. S'ils colorent trop vite, versez un peu d'eau et laissez évaporer.

3. Préchauffez le four à 220 °C (th. 7/8). Mettez les ailes égouttées (gardez la marinade) dans un plat et enfournez 20 min. Retournez-les à mi-cuisson.

4. Quand les oignons sont bien moelleux et dorés, versez-y la marinade et laissez cuire 1 min. Versez le tout sur les ailes, mélangez et enfournez à mi-hauteur sous le gril. Laissez caraméliser environ 40 min en mélangeant souvent pour que les ailes soient uniformément grillées. Servez avec du riz.

Chicken wings caramélisées au citron

Soupe chinoise au Coca-Cola

PRÉPARATION : 20 min
CUISSON : 35 min

Pour 4 personnes

- 20 crevettes crues
- 2 citrons
- 150 g de germes de soja
- 60 g d'oignons
- 4 gousses d'ail
- 2 c. à s. de gingembre épluché et haché
- 5 c. à s. de menthe ciselée
- 5 c. à s. de coriandre ciselée
- 250 g de nouilles de riz
- 1,70 litre de Coca-Cola®
- 4 c. à s. de sauce soja
- Poivre du moulin

1. Décortiquez les crevettes en conservant le dernier anneau et la queue. Réservez les têtes. Incisez légèrement le dos des crevettes et réservez. Versez le Coca-Cola® dans une casserole, ajoutez l'ail et le gingembre hachés, le soja, du poivre et les têtes de crevettes. Portez à ébullition, puis laissez infuser 15 min à feu doux.

2. Filtrez le bouillon au travers d'un chinois, reversez-le dans la casserole, ajoutez le jus de 1 citron et portez à ébullition. Faites-y pocher les crevettes.

3. Simultanément, faites cuire les nouilles dans un grand volume d'eau bouillante. Égouttez et répartissez-les dans 4 grands bols. Répartissez dans chacun les oignons émincés, les germes de soja, le jus du citron restant et les herbes.

4. Ajoutez les crevettes et versez dessus le bouillon très chaud. Servez avec des baguettes et des cuillères chinoises.

Parmentier sucré-salé

PRÉPARATION : 25 min
CUISSON : 1h10

Pour 4 personnes

- 500 g de bœuf haché
- 100 g de lardons fumés
- 1,1 kg de pommes de terre bintje
- 350 g de tomates
- 2 oignons
- 6 gousses d'ail
- 15 cl de lait
- 50 cl de Coca-Cola®
- 1 pincée de thym
- ½ bâton de cannelle
- 40 g de chapelure
- Sel et poivre du moulin

1. Dans une casserole, mettez les pommes de terre pelées et coupées en morceaux avec 4 gousses d'ail taillées en dés et du sel. Couvrez d'eau froide, portez à ébullition et faites cuire.

2. Dans une sauteuse, faites bien revenir les oignons grossièrement hachés au couteau et les lardons, sans matière grasse. Ajoutez ensuite la viande, le thym, du poivre et laissez dorer. Incorporez les tomates coupées en dés, 2 gousses d'ail hachées, la cannelle et laissez fondre.

3. Ajoutez le Coca-Cola® et laissez mijoter 15 min à feu doux, à découvert. Le hachis doit rester bien moelleux. Égouttez les pommes de terre, écrasez-les au presse-purée et incorporez le lait. Salez si besoin.

4. Préchauffez le four à 180 °C (th. 6). Répartissez le hachis dans 4 mini-cocottes et recouvrez de purée. Parsemez de chapelure et enfournez 20 min. Puis passez-les 5 min sous le gril. Servez avec une salade verte.

Bourguignon à la cow-boy

PRÉPARATION : 30 min
CUISSON : 4 h

Pour 4 personnes

- 600 g de bœuf bourguignon
- 150 g de tranches de lard fumé
- 250 g de champignons de Paris
- 250 g de carottes
- 250 g d'oignons
- 1 brin de romarin
- 60 cl de Coca-Cola®
- 1 c. à s. de moutarde forte
- 4 clous de girofle
- 10 g de beurre + 2 c. à s. d'huile d'olive
- 10 g de farine
- Sel et poivre du moulin

1. Faites revenir longuement les oignons grossièrement émincés avec le lard coupé en tronçons, sans ajouter de matière grasse. S'ils colorent trop vite, ajoutez un peu d'eau et laissez évaporer. Ajoutez ensuite les carottes taillées en rondelles et laissez légèrement fondre. Réservez.

2. À la place, faites revenir la viande coupée en gros cubes dans le beurre et 1 c. à s. d'huile. Laissez vraiment bien dorer de tous les côtés. Saupoudrez ensuite de farine, mélangez et faites cuire 2 min. Incorporez les carottes et les oignons, la moutarde, le romarin et les clous de girofle pilés. Salez, poivrez et versez le Coca-Cola®.

3. Portez à ébullition, puis couvrez et laissez mijoter 3 h en remuant régulièrement. Faites revenir les champignons émincés dans l'huile restante. Ajoutez-les au bourguignon et poursuivez la cuisson 10 min. Servez avec des tagliatelles.

Sucettes d'agneau

PRÉPARATION : 30 min
RÉFRIGÉRATION : 1 h
CUISSON : 45 min

Pour 4 personnes

- 500 g d'agneau
- 100 g de lardons fumés
- 40 g de céleri branche
- 3 gousses d'ail
- 4 c. à s. de menthe ciselée
- 300 g de crème fraîche épaisse
- 50 cl de Coca-Cola®
- 60 g de pain d'épice
- 3 c. à c. de cumin en poudre
- 4 c. à s. d'huile d'olive
- Sel et poivre du moulin

1. Mixez 2 gousses d'ail, le céleri, les lardons et le pain d'épice. Ajoutez l'agneau, le cumin, salez légèrement, poivrez et hachez grossièrement pour avoir une farce ni trop fine ni trop épaisse. Façonnez 24 quenelles et réservez 1 h au frais.

2. Salez et poivrez la crème et répartissez-la dans 4 verres. Mixez la menthe avec 1 gousse d'ail, 2 c. à s. d'huile et du sel. Déposez 1 c. à c. de pesto de menthe dans les verres et réservez.

3. Faites revenir les quenelles de chaque côté dans 2 c. à s. d'huile. Retirez-les. Versez le Coca-Cola® dans la poêle et laissez réduire 5 min à feu vif. Remettez les quenelles et laissez longuement caraméliser jusqu'à obtenir un caramel épais. Enrobez bien les quenelles qui doivent être laquées et avoir absorbé le caramel.

4. Cassez en deux 12 brochettes en bois. Piquez une quenelle par demi-brochette (ne percez qu'une extrémité) et servez avec le pesto.

Sucettes d'agneau

Porc laqué, pitas & Co

PRÉPARATION : 20 min
MARINADE : 5 h
CUISSON : 1h30

Pour 4 personnes

- 400 g de tranches de poitrine de porc
- ½ concombre non pelé
- 2 carottes
- 2 gousses d'ail hachées
- 2 c. à s. de jus de citron
- 2 c. à s. de basilic ciselé
- 170 g de crème fraîche épaisse
- 4 grandes pitas
- 50 cl de Coca-Cola®
- 50 g de sucre roux
- 1 dosette de safran
- 2 bonnes c. à s. de nuoc-mâm
- 3 c. à c. de moutarde forte
- Sel et poivre du moulin

1. Mélangez le safran, la crème, le citron, le basilic, du sel, du poivre et gardez au frais. Portez le Coca-Cola® et le sucre à ébullition, puis laissez cuire 15 min à frémissement. Laissez mariner 5 h le porc coupé en tronçons de 4 cm dans le Coca-Cola® refroidi, avec le nuoc-mâm, la moutarde, l'ail et du poivre.

2. Étalez le porc égoutté dans un plat et faites dorer 15 min sous le gril du four en position très haute. Jetez la graisse, tournez le porc et laissez dorer 15 min.

3. Épongez le porc, ôtez la graisse du plat, puis faites-le caraméliser dans la moitié de la marinade sous le gril à mi-hauteur, jusqu'à son absorption. Faites-le ensuite caraméliser dans le reste de marinade en le tournant souvent jusqu'à son absorption. Il devient brun foncé.

4. Taillez carottes et concombre en julienne. Passez les pitas au grille-pain, ouvrez-les, garnissez-les de crudités, de sauce et de porc.

Risotto au Coca-Cola® et œuf poché

PRÉPARATION : 15 min
CUISSON : 35 min

Pour 4 personnes

- 250 g de riz arborio
- 2 oignons
- 2 c. à s. de sauce soja
- 8 c. à s. de coriandre ciselée
- 4 brins de coriandre
- 4 œufs extra frais
- 1 litre de Coca-Cola®
- 100 g de crème fraîche épaisse
- 3 c. à s. de vinaigre blanc
- 4 c. à s. d'huile d'olive
- 1 pincée de gros sel
- Sel et poivre du moulin

1. Portez de l'eau à ébullition avec le vinaigre et le gros sel, puis ramenez-la à frémissement et cassez-y un œuf. Quand il blanchit, pincez les bords du blanc pour le souder et laissez cuire quelques instants. Sortez-le avec une écumoire. Il doit être ferme mais moelleux à cœur. Passez-le dans l'eau froide et réservez. Faites cuire les autres œufs.

2. Mixez la coriandre et la crème, salez et poivrez.

3. Mélangez le Coca-Cola® et le soja. À la casserole, faites dorer les oignons hachés au couteau dans l'huile. Ajoutez le riz et mélangez à feu vif jusqu'à ce qu'il soit translucide. Incorporez ¼ du Coca-Cola® et mélangez sur feu moyen jusqu'à ce qu'il ait été absorbé par le riz. Renouvelez l'opération jusqu'à épuisement du Coca-Cola® (17 min).

4. Posez un cercle dans chaque assiette, garnissez de riz, puis de crème de coriandre. Couvrez d'un œuf, salez, poivrez, ôtez les cercles, décorez de coriandre et servez avec la sauce.

Tajine au Coca-Cola® et au gingembre

PRÉPARATION : 25 min
CUISSON : 1h25

Pour 4 personnes

- 1 poulet
- 500 g de pommes de terre grenaille
- 300 g de courgettes non pelées
- 150 g de petits pois écossés
- 1 oignon
- 3 gousses d'ail
- 1 orange
- 2 c. à s. de persil plat ciselé
- 3 c. à s. de gingembre épluché et haché
- 60 cl de Coca-Cola®
- 10 g de farine
- 1 c. à s. d'huile d'olive
- Sel et poivre du moulin

1. Dans un plat à tajine, faites revenir l'oignon émincé dans l'huile. Ajoutez le poulet détaillé en morceaux et sans la peau, puis laissez vraiment bien dorer de chaque côté. Salez et poivrez. Comptez 20 min.

2. Incorporez la farine, le gingembre et l'ail hachés, les zestes de l'orange finement râpés, mélangez bien et laissez cuire 5 min. Ajoutez ensuite le Coca-Cola® et 5 cl de jus d'orange, puis laissez mijoter 30 min à feu doux et à couvert.

3. Incorporez les pommes de terre pelées et lavées, les courgettes coupées en tronçons et les petits pois. Laissez mijoter 20 à 30 min à feu moyen et à découvert. Parsemez de persil et servez.

Tajine au Coca-Cola et au gingembre

Gnocchis au coulis de tomates

PRÉPARATION : 40 min
CUISSON : 55 min

Pour 4 personnes

- 800 g de pommes de terre bintje
- 800 g de tomates coupées en dés
- 3 gousses d'ail
- 10 feuilles de sauge
- 2 jaunes d'œufs
- 200 g de farine + 2 c. à s.
- 1 pincée de noix de muscade râpée
- 25 cl de Coca-Cola®
- Sel et poivre du moulin

1. Faites cuire les pommes de terre dans de l'eau bouillante salée. Pelez-les à chaud et écrasez-les avec un presse-purée jusqu'à l'obtention d'une texture fine. Ajoutez aussitôt 200 g de farine, les jaunes d'œufs, la muscade, du sel et du poivre. Malaxez vivement à la cuillère en bois.

2. Prélevez des portions de pâte et roulez-les en longs boudins. Taillez-les en tronçons de 2 cm, farinez vos mains et façonnez des gnocchis. Réservez 15 min au frais.

3. Portez à ébullition le Coca-Cola® avec les tomates, l'ail haché, la sauge, du sel et du poivre, puis laissez mijoter 30 min à feu doux et à couvert. Mixez et laissez épaissir 10 min à feu doux et à découvert.

4. Chauffez un grand volume d'eau salée et plongez-y les gnocchis. Retirez-les à l'écumoire dès qu'ils remontent. Versez-les dans le coulis, mélangez, répartissez-les dans des assiettes et servez.

Crumble de carottes au Coca-Cola

PRÉPARATION : 25 min
CUISSON : 1 h

Pour 4 personnes

- 800 g de carottes
- 2 oignons
- 2 gousses d'ail
- 2 brins de romarin
- 40 g de beurre mou
- 4 c. à c. de crème fraîche épaisse
- 100 g de St Marcellin
- 40 cl de Coca-Cola®
- 40 g de farine
- 40 g de chapelure
- 3 c. à s. d'huile d'olive
- Sel et poivre du moulin

1. Chauffez l'huile et faites-y revenir les carottes coupées en rondelles, ni trop fines ni trop épaisses, avec les oignons émincés, le romarin, du sel et du poivre.

2. Quand elles sont fondantes, ajoutez l'ail haché, le Coca-Cola® et laissez mijoter à couvert et à feu doux 20 à 25 min, en remuant de temps en temps. Elles doivent absorber presque tout le Coca-Cola® mais rester moelleuses.

3. Malaxez du bout des doigts le beurre coupé en dés, la farine et la chapelure, jusqu'à obtenir une pâte granuleuse. Coupez le St Marcellin en parts.

4. Préchauffez le four à 210 °C (th. 7). Dans 4 ramequins, répartissez la moitié des carottes, le St Marcellin et 1 c. à c. de crème dans chacun. Recouvrez de carottes, puis de pâte à crumble. Enfournez et faites dorer 15 min. Servez chaud avec une viande grillée ou un poisson grillé.

Wok de légumes au cabillaud

PRÉPARATION : 20 min
CUISSON : 40 min

Pour 4 personnes

- 4 pavés de cabillaud
- 100 g de pois gourmands
- 1 carotte
- 1 oignon
- 140 g de mini-épis de maïs égouttés
- 250 g de poivrons rouges
- 30 cl de Coca-Cola®
- 1 c. à s. de nuoc-mâm
- 40 g de cacahuètes
- 3 c. à s. d'huile
- Sel et poivre du moulin

1. Plongez les pois gourmands effilés 3 min dans de l'eau bouillante salée. Égouttez-les et rafraîchissez-les dans de l'eau froide. Coupez les épis de maïs en deux dans l'épaisseur, puis dans la longueur pour obtenir 4 tronçons.

2. Chauffez 2 c. à s. d'huile dans un wok. Faites-y sauter à feu vif l'oignon et les poivrons coupés en morceaux. Lorsqu'ils sont légèrement colorés, versez 10 cl de Coca-Cola® et laissez évaporer. Ajoutez ensuite la carotte taillée en julienne et faites cuire 2 min.

3. Simultanément, faites cuire le cabillaud à la poêle dans l'huile restante. Salez et poivrez.

4. Dans le wok, incorporez le maïs, les pois, 20 cl de Coca-Cola®, le nuoc-mâm, les cacahuètes, une pincée de sel et du poivre. Laissez caraméliser en remuant souvent. Stoppez la cuisson quand il reste 4 à 5 c. à s. de sauce. Dressez un dôme de légumes dans les assiettes, arrosez de sauce et déposez-y les pavés de cabillaud.

Wok de légumes au cabillaud

Burgers au chutney et au chèvre

PRÉPARATION : 20 min
CUISSON : 1h10

Pour 4 personnes

- 4 pains à hamburger
- 350 g de bœuf haché
- 4 tranches de lard fumé
- 500 g d'oignons
- 1 gousse d'ail
- 4 c. à s. de crème fraîche
- 2 crottins de Chavignol
- 100 g de figues sèches
- 70 cl de Coca-Cola®
- 1 c. à s. d'origan
- 3 c. à c. de vinaigre balsamique
- 3 c. à s. d'huile d'olive
- Sel et poivre du moulin

1. Faites longuement revenir les oignons émincés dans l'huile. Salez et poivrez. Quand ils sont très moelleux et légèrement dorés, ajoutez les figues taillées en dés, le vinaigre, le Coca-Cola®, puis laissez mijoter à découvert jusqu'à totale absorption. Faites ensuite caraméliser 15 min à feu vif en remuant régulièrement. Les oignons sont bien confits et de couleur brun foncé.

2. Salez, poivrez et parfumez la viande avec l'origan. Formez 4 steaks plats et plus larges que les pains. Mélangez la crème et l'ail haché. Coupez les crottins en dés.

3. Préchauffez le four à 180 °C (th. 6). Tartinez les fonds des pains de crème d'ail. Faites griller le lard à la poêle et coupez-le en tronçons. Faites cuire les steaks.

4. Sur les fonds, ajoutez un peu de chutney, le lard, le chèvre et les steaks. Tartinez généreusement l'intérieur des chapeaux de chutney et coiffez les burgers. Enfournez 15 min. Servez avec une salade verte.

Curry de porc au caramel

PRÉPARATION : 15 min
CUISSON : 1 h

Pour 4 personnes
- 500 g de filet de porc
- 2 oignons
- 2 c. à s. de ciboule ciselée
- 3 c. à c. de curry doux
- 1 citron vert
- 400 g de nouilles chinoises
- 40 cl de lait de coco
- 80 g de sucre en poudre
- 80 cl de Coca-Cola®
- 2 c. à s. d'huile d'olive
- Sel et poivre du moulin

1. Dans une casserole, portez à ébullition le Coca-Cola® et le sucre, puis laissez réduire 15 min à feu moyen.

2. Dans une sauteuse, faites revenir les oignons émincés dans l'huile. Quand ils sont bien dorés, ajoutez le porc émincé et, là encore, laissez bien dorer. Salez et poivrez. Saupoudrez de curry et laissez cuire 2 à 3 min en remuant.

3. Incorporez la réduction de Coca-Cola® et laissez caraméliser 10 min, jusqu'à l'obtention d'une sauce épaisse. Incorporez alors le lait de coco et le jus du citron vert, puis laissez mijoter 5 à 10 min.

4. Faites cuire les nouilles, égouttez-les et répartissez-les dans 4 grands bols. Répartissez dessus le curry de porc et parsemez de ciboule. Servez avec des baguettes.

Nems vapeur à l'aigre-doux

PRÉPARATION : 40 min
CUISSON : 35 min

Pour 4 personnes

- 12 galettes de riz carrées
- 500 g de poisson blanc
- 4 feuilles de salade
- 200 g d'oignons
- 2 gousses d'ail
- 4 c. à s. de coriandre ciselée
- 30 cl de Coca-Cola®
- 10 cl de vinaigre d'alcool coloré
- 3 c. à s. de sauce soja
- 1 c. à s. de sucre en poudre
- 3 c. à s. d'huile
- Poivre du moulin

1. Faites légèrement dorer dans l'huile les oignons et l'ail grossièrement hachés au couteau. Ajoutez le poisson et faites-le cuire en l'émiettant. Poivrez. Incorporez 2 c. à s. de soja et réservez.

2. Dans une casserole, mélangez le vinaigre, le sucre, 10 cl de Coca-Cola® et 1 c. à s. de soja, puis faites réduire de moitié à feu doux. Réservez.

3. Faites ramollir une galette dans de l'eau tiède et étalez-la sur un linge humide. Au centre mais décalées vers le bas, déposez 2 c. à s. de farce alignées, en forme de boudin. Rabattez les côtés, gauche et droite pour qu'ils se rejoignent et recouvrent la farce, puis rabattez la pâte inférieure. Roulez le nem vers le haut en le tassant. Réalisez les autres nems.

4. Faites-les cuire 8 min à la vapeur au-dessus d'une casserole d'eau bouillante, dans un panier vapeur garni de salade. Versez 20 cl de Coca-Cola® dans la sauce et réchauffez-la jusqu'à ce que la mousse disparaisse. Répartissez les nems dans 4 assiettes, arrosez-les de sauce et parsemez de coriandre.

Pizza
poivron-chorizo

PRÉPARATION : 20 min
CUISSON : 1h15

Pour 4 personnes

- 1 pâte à pizza
- 90 g de fines tranches de chorizo
- 400 g de poivrons rouges
- 1 poignée de roquette
- 1 gousse d'ail
- 150 g de mozzarella
- 20 cl de Coca-Cola®
- ½ c. à c. de thym
- 1 c. à s. d'huile d'olive
- Sel et poivre du moulin

1. Faites griller les poivrons sous le gril du four à mi-hauteur 30 à 45 min. Tournez-les régulièrement de chaque côté pour que la cuisson soit uniforme. Enfermez-les ensuite 5 min dans un sac en plastique, puis ôtez leur peau, retirez les graines et coupez-les petits dés.

2. Faites revenir les poivrons dans l'huile. Salez et poivrez. Lorsqu'ils sont bien fondants, ajoutez l'ail haché, la moitié du thym et le Coca-Cola®. Laissez mijoter jusqu'à ce que les poivrons aient presque absorbé tout le Coca-Cola®. Mixez à chaud et obtenez un coulis très épais. Laissez tiédir.

3. Préchauffez le four à 240 °C (th. 8). Déroulez la pâte sur la plaque du four en conservant le papier sulfurisé dessous. Étalez le coulis de poivrons jusqu'à 1 cm du bord, puis répartissez le chorizo et recouvrez de fines rondelles de mozzarella. Parsemez de thym et enfournez 15 à 20 min.

4. Parsemez de quelques feuilles de roquette et servez.

Pizza poivron-chorizo

Cake au chocolat et au Coca-Cola

PRÉPARATION : 20 min
CUISSON : 55 min
REPOS : 1 h

Pour 8 personnes

- 200 g de farine
- 250 g de sucre roux
- 80 g de chocolat en poudre
- 170 g de beurre
- 1 œuf
- 10 cl de lait
- 30 g de yaourt grec
- 23 cl de Coca-Cola®
- ½ c. à c. de bicarbonate de soude
- 20 g de noisettes
- 1 pincée de sel
- Beurre et farine pour le moule

1. Mélangez la farine, le sucre, le bicarbonate et le sel. Dans une casserole, faites fondre 130 g de beurre avec 30 g de chocolat et 18 cl de Coca-Cola®. Versez le tout sur la farine et mélangez à la cuillère en bois.

2. Préchauffez le four à 180 °C (th. 6). Mélangez le yaourt, le lait et l'œuf battu, puis incorporez à la préparation précédente. Versez la pâte dans un moule à cake (28 cm x 10 cm) beurré et fariné. Enfournez 45 à 50 min. Laissez refroidir avant de le démouler sur une grille à pâtisserie.

3. Dans une casserole, faites fondre 40 g de beurre. Hors du feu, incorporez 50 g de chocolat. Ajoutez 5 cl de Coca-Cola® et réchauffez 2 min à feu doux sans cesser de remuer. Réservez 15 min au frais pour que le glaçage épaississe. Puis versez-le sur le cake, parsemez de noisettes concassées au couteau et patientez 1 h avant de le déguster.

Scones Coca-Cola marmelade d'oranges

PRÉPARATION : 25 min
CUISSON : 45 min
RÉFRIGÉRATION : 2 h

Pour 12 scones

- 2 oranges
- 40 g de raisins secs
- 10 cl de crème liquide entière
- 1 c. à s. de lait
- 20 cl de Coca-Cola®
- 250 g de farine + 15 g
- 100 g de sucre en poudre
- ½ sachet de levure
- 1 pincée de sel

1. Portez à ébullition 10 cl de Coca-Cola® avec le sucre, 1 orange pelée à vif et coupée en morceaux, et 1 orange avec sa peau taillée en petits dés, puis laissez-les mijoter 45 min à découvert et à feu doux. Elles doivent être confites, mais le Coca-Cola® ne doit pas avoir été totalement absorbé. Mixez à chaud, versez dans un pot, fermez et placez 2 h au frais.

2. Mélangez 250 g de farine, la levure, le sel et les raisins. Versez-y la crème, 10 cl de Coca-Cola® et travaillez à la cuillère en bois. Farinez vos mains et pétrissez la pâte jusqu'à ce que vous puissiez former une boule qui ne colle plus. Étalez-la sur 3 cm et découpez-y 12 ronds avec un emporte-pièce de 5 cm de diamètre.

3. Préchauffez le four à 180 °C (th. 6). Posez les scones sur la plaque du four garnie de papier sulfurisé, badigeonnez-les de lait et enfournez 15 à 20 min. Ils sont gonflés et dorés. Dégustez tièdes avec la marmelade accompagnée de beurre ou de mascarpone.

Mini-muffins au Coca-Cola

PRÉPARATION : 20 min
CUISSON : 20 min

Pour 56 mini-muffins

- 250 g de farine
- 2 œufs
- 8 cl d'huile
- 120 g de sucre roux
- ½ sachet de sucre vanillé
- 25 cl de Coca-Cola®
- ½ sachet de levure
- 1 c. à c. d'arôme de vanille liquide
- 56 cerneaux de noix de pécan
- 60 g de chocolat blanc
- 1 pincée de sel

1. Au fouet, mélangez les œufs, l'huile, les sucres, la vanille liquide et le Coca-Cola®. Incorporez peu à peu la farine mélangée à la levure et au sel, jusqu'à l'obtention d'une pâte fluide.

2. Préchauffez le four à 200 °C (th. 6/7). Versez la pâte dans des moules à mini-muffins de 4 cm de diamètre (ne remplissez les alvéoles qu'aux trois quarts), puis enfournez 10 à 15 min. Les muffins doivent être joliment dorés. Laissez-les totalement refroidir avant de les démouler. Prévoyez plusieurs fournées.

3. Faites fondre le chocolat au bain-marie, puis mélangez-le et gardez-le au chaud au-dessus de la casserole d'eau, hors du feu. Avec une cuillère, mettez un peu de chocolat sur le dessus de chaque muffin et disposez-y un cerneau de noix de pécan pour le coller. Laissez sécher 30 min avant de déguster.

PRÉPARATION : 20 min
CUISSON : 10 min
RÉFRIGÉRATION : 4 h

Pour 4 personnes

- 2 kiwis
- 4 c. à s. de jus de citron vert
- 20 cl de crème liquide entière
- 20 cl de lait de coco
- 90 g de sucre en poudre
- 3 feuilles de gélatine
- 20 cl de Coca-Cola light®

1. Faites ramollir la gélatine dans de l'eau froide. Chauffez la crème avec le lait de coco et 80 g de sucre. Hors du feu, incorporez la gélatine essorée, mélangez bien et répartissez le tout dans 4 verres. Laissez refroidir et faites prendre au moins 4 h au réfrigérateur.

2. Portez 5 cl d'eau à ébullition avec 10 g de sucre, laissez frémir 2 à 3 min, puis laissez refroidir. Incorporez 15 cl de Coca-Cola® et mettez au congélateur. Avec les dents d'une fourchette, grattez ensuite toutes les heures pendant 4 h, afin de former des petits cristaux de granité.

3. Pelez les kiwis, taillez-les en petits dés et faites-les mariner dans 5 cl de Coca-Cola® mélangé au jus de citron vert. Réservez au frais.

4. Pour servir, répartissez le kiwi sur les panna cotta, ajoutez 1 c. à c. de marinade et disposez dessus le granité au Coca-Cola®.

Panna cotta coconut, granité Coca-Cola

Pancakes et compote pomme-figue

PRÉPARATION : 15 min
CUISSON : 40 min

Pour 6 personnes

- 250 g de farine
- 700 g de pommes Golden
- 100 g de figues sèches
- 3 œufs
- 125 g de yaourt brassé
- 20 cl de lait
- 30 cl de Coca-Cola®
- 40 g de sucre en poudre
- 1 sachet de levure
- 2 c. à s. d'huile + pour la cuisson
- 1 pincée de sel

1. Mélangez la farine, le sucre, la levure et le sel. Ajoutez les œufs, le yaourt, le lait, 10 cl de Coca-Cola® et les 2 c. à s. d'huile. Mélangez à la cuillère en bois sans toutefois trop travailler la pâte. Laissez reposer 30 min.

2. Dans une casserole, faites cuire les pommes pelées, épépinées et coupées en morceaux avec les figues taillées en petits dés dans 20 cl de Coca-Cola®, à feu doux et à couvert, jusqu'à ce qu'elles soient bien fondantes. Laissez ensuite réduire à découvert jusqu'à la totale absorption du Coca-Cola®. Mixez la compote ou écrasez-la à la fourchette.

3. Chauffez une poêle huilée. Déposez-y des petites louches de pâte. Retournez les pancakes dès que les bords brunissent. Répétez l'opération jusqu'à épuisement de la pâte. Dégustez les pancakes tièdes tartinés de compote chaude ou froide.

Cappuccino de mangue au Coca-Cola

PRÉPARATION : 20 min
CUISSON : 40 min
RÉFRIGÉRATION : 1 h

Pour 4 personnes

- 2 mangues bien mûres (800 g)
- 1 c. à s. de zestes de citron
- 10 cl de crème liquide entière
- 40 cl de Coca-Cola®
- 2 c. à c. d'arôme d'amande amère
- 20 g d'amandes effilées

1. Pelez les mangues, coupez la chair en dés et mettez-les dans une casserole avec 20 cl de Coca-Cola® et les zestes de citron finement râpés. Faites cuire à découvert sur feu moyen en remuant régulièrement, jusqu'à ce que le Coca-Cola® soit absorbé et que vous obteniez une compotée bien épaisse et légèrement caramélisée.

2. Mixez le tout à chaud puis, toujours en mixant, incorporez peu à peu le Coca-Cola® restant. Répartissez ce cappuccino dans 4 tasses ou petits bols, laissez refroidir et réservez 1 h au réfrigérateur.

3. Chauffez une poêle et faites-y griller à sec les amandes. Mélangez la crème bien froide à l'amande amère et montez-la en chantilly. Déposez-en un nuage sur les cappuccinos, parsemez d'amandes grillées et dégustez-les éventuellement accompagnés de mini-financiers ou de petites madeleines.

Cappuccino de mangue au Coca-Cola

Pain perdu Banana

Coca-Cola

PRÉPARATION : 15 min
CUISSON : 25 min

Pour 4 personnes

- 4 grandes tranches de brioche
- 4 bananes moyennes
- 2 œufs
- 40 g de beurre
- 60 g de chocolat noir
- 70 g de sucre en poudre
- 30 cl de Coca-Cola®

1. Portez à ébullition 10 cl de Coca-Cola®, puis versez-le sur le chocolat haché. Laissez fondre, puis mélangez pour obtenir un coulis lisse. Réservez 15 min au frais.

2. Battez les œufs avec 30 g de sucre et 10 cl de Coca-Cola®. Chauffez une poêle avec le beurre. Trempez les tranches de brioche 5 sec. de chaque côté dans le mélange précédent et faites-les cuire dans la poêle bien chaude. Laissez dorer 3 min, puis saupoudrez-les de 40 g de sucre et retournez-les. Laissez cuire 3 min, jusqu'à ce que la brioche soit légèrement caramélisée.

3. Posez chaque tranche dans une assiette. Dans la même poêle, faites dorer de chaque côté les bananes coupées en rondelles de 1 cm. Versez ensuite 10 cl de Coca-Cola® et laissez caraméliser jusqu'à sa totale absorption.

4. Répartissez les rondelles de bananes chaudes sur le pain perdu, puis dégustez le tout arrosé de sauce au chocolat.

Chaud-froid d'ananas au pain d'épice

PRÉPARATION : 15 min
CUISSON : 30 min

Pour 4 personnes

- 1 ananas d'environ 1kg
- 50 g de pain d'épice
- 40 cl de Coca-Cola®
- 40 g de beurre
- 4 c. à s. de sucre vanillé
- 4 boules de glace vanille

1. Préchauffez le four à 200 °C (th. 6/7). Répartissez le pain d'épice émietté sur la plaque du four et enfournez 3 à 4 min. Il doit être légèrement grillé.

2. Ôtez le toupet et la base de l'ananas. Épluchez-le en retirant bien tous les points fibreux. Coupez-le en 8 longs quartiers. Ôtez les arêtes dures. Faites fondre le beurre dans une poêle, ajoutez l'ananas et laissez dorer 3 min sur chacune des 3 faces. Versez 20 cl de Coca-Cola®, saupoudrez de sucre vanillé et laissez caraméliser. Arrosez bien l'ananas avec le caramel de Coca-Cola®.

3. Versez ensuite le reste de Coca-Cola® et laissez réduire jusqu'à obtention d'une sauce épaissie et sirupeuse.

Crumble de poires Coca-Cola® et cardamome

PRÉPARATION : 15 min
CUISSON : 1h05

Pour 4 personnes

- 800 g de poires Williams
- 3 c. à s. de jus de citron
- 100 g de beurre mou
- 50 g d'amandes en poudre
- 30 g d'amandes effilées
- 100 g de farine
- 80 g de sucre roux
- 6 gousses de cardamome verte
- 20 cl de Coca-Cola®

1. Préchauffez le four à 220 °C (th. 7/8). Dans un plat, mélangez les poires pelées, épépinées et coupées en gros dés avec le jus de citron, le Coca-Cola® et les graines de cardamome pilées. Enfournez 40 min environ. Les poires doivent être moelleuses et confites.

2. Du bout des doigts, malaxez la farine, le sucre, les amandes en poudre et effilées avec le beurre coupé en dés, jusqu'à obtenir un sable grossier et granuleux.

3. Répartissez les poires légèrement égouttées dans 4 ramequins ou petits plats. Faites réduire le jus de cuisson au Coca-Cola® 5 min sous le gril du four, puis versez ce jus caramélisé sur les poires.

4. Baissez le four à 200 °C (th. 6/7), recouvrez entièrement les poires de pâte à crumble et enfournez 20 min. Servez tiède ou froid, éventuellement accompagné d'une cuillerée de crème ou d'une boule de glace.

Tiramisu aux fraises et au Coca-Cola

PRÉPARATION : 25 min
RÉFRIGÉRATION : 3 h + 12 h

Pour 4 personnes

- 350 g de fraises
- 2 c. à s. de jus de citron
- 3 œufs
- 180 g de mascarpone
- 15 cl de Coca-Cola® zero
- 50 g de sucre en poudre
- 10 biscuits roses de Reims + 1
- 1 pincée de sel

1. Mélangez le Coca-Cola®, le jus de citron, 10 g de sucre, les fraises coupées en petits dés et laissez mariner 3 h au frais. Égouttez-les ensuite en veillant à réserver le jus de marinade.

2. Séparez les blancs des jaunes d'œufs. Battez les jaunes au fouet avec 40 g de sucre jusqu'à blanchiment. Ajoutez le mascarpone, puis parfumez avec 4 c. à s. de marinade. Incorporez délicatement les blancs montés en neige ferme avec le sel.

3. Répartissez la moitié des fraises dans le fond de 4 verres. Ajoutez une couche de biscuits cassés en morceaux, puis les fraises restantes. Versez 2 c. à s. de marinade dans chaque verre, tassez bien et nappez de crème au mascarpone.

4. Couvrez-les et réservez au moins 12 h au réfrigérateur. Émiettez un biscuit rose et parsemez-en le dessus des tiramisu. Servez bien frais.

Tiramisu aux fraises et au Coca-Cola

Index

Betteraves 100 % Détox, 18

Bourguignon à la cow-boy, 36

Burgers au chutney et au chèvre, 58

Cake au chocolat et au Coca-Cola®, 68

Cappuccino de mangue au Coca-Cola®, 80

Chaud-froid d'ananas au pain d'épice, 86

Chaussons au confit d'aubergines, 24

Chicken wings caramélisées au citron, 28

Crème de maïs au Coca-Cola®, 26

Crumble de carottes au Coca-Cola®, 52

Crumble de poires Coca-Cola® et cardamome, 88

Curry de porc au caramel, 60

Gnocchis au coulis de tomates, 50

Keftas de légumes, dip de yaourt, 14

Mini-muffins au Coca-Cola®, 72

Mix de poireaux confits, 20

Nems vapeur à l'aigre-doux, 62

Pain perdu Banana Coca-Cola®, 84

Pancakes et compote pomme-figue, 78

Panna cotta coconut, granité Coca-Cola®, 74

Parmentier sucré-salé, 34

Pizza poivron-chorizo, 64

Porc laqué, pitas & Co, 42

Risotto au Coca-Cola® et œuf poché, 44

Scones au Coca-Cola®, marmelade d'oranges, 70

Soupe chinoise au Coca-Cola®, 32

Sucettes d'agneau, 38

Tajine au Coca-Cola® et au gingembre, 46

Tiramisu aux fraises et au Coca-Cola®, 90

Wok de légumes au cabillaud, 54

Recettes : Stéphanie Bulteau
Introduction : Coca Cola® France
Archives The Coca-Cola® Company :
pp. 6, 7, 8, 9, 11, 12 et 13
Photographies des recettes : David Bonnier
Stylisme des recettes : Caline Fourcade

Direction : Jean-Louis Hocq
Direction éditoriale : Véronique Chanson
Collaboratrice éditoriale : Sophie Lilienfeld
Supervision : Marketing Coca-Cola®
Responsable artistique : Vu Thi
Maquette : Émilie Camus
Fabrication : Laurence Ledru

Imprimé en Chine par Leo Paper